AF230218

LE PROGRÈS ET LE CHRISTIANISME.

SERMON

PRONONCÉ

par

CH. CH. KRIEGER.

LE PROGRÈS ET LE CHRISTIANISME.

SERMON

PRONONCÉ DANS L'ÉGLISE PROTESTANTE DE COLMAR,

le 1ᵉʳ mai 1842,

JOUR DE LA FÊTE DU ROI,

EN PRÉSENCE DES AUTORITÉS CIVILES, ADMINISTRATIVES ET MILITAIRES,

PAR

CH. CH. KRIEGER,

PASTEUR DE CETTE ÉGLISE,

imprimé

sur la demande de plusieurs membres de la communauté,

et vendu

AU PROFIT DE LA SALLE D'ASILE DE COLMAR.

PRIX 50 c.

COLMAR,

Imp. et Lith. de M. v. Decker, Imp. de la Préfecture.

1842.

PRIÈRE.

Seigneur Dieu! Souverain des nations et des rois, nous venons aujourd'hui encore nous prosterner aux pieds de ta sainte majesté, pour t'offrir nos humbles actions de grâces en même temps que nos fervents vœux d'amour, pour la vie et le bonheur de l'auguste monarque, à qui tu as confié les destinées de notre patrie et qui, à travers tant d'orages et d'écueils déjà, a su, couvert de ton égide, conduire en sûreté le vaisseau de l'État. Nous sortions à peine d'une vive inquiétude, lorsque la dernière fois nous parûmes devant ton trône pour implorer tes bénédictions sur lui et sur un royal enfant; mais notre histoire compte une année de paix de plus, et la confiance rassurée se relève. Puissions-nous compter aussi un pas de plus dans la carrière du véritable progrès et de la véritable prospérité; puissions-nous nous voir plus près de notre destination éternelle! Mais, hélas! nous devons le confesser en toute humilité : nous sommes pécheurs, nous avons continué d'abuser de tes bontés et de tes compassions, nous avons mérité ton juste châtiment. Redouble donc, ô notre Dieu et notre Père, redouble envers nous tes miséricordes, assiste-nous sans regarder notre indignité, sauve-nous malgré nous, s'il est possible, et, s'il te plaît, dans ta grâce infinie, de nous conserver plus longtemps, fais qu'en pareil jour, notre monarque et nous nous puissions paraître devant toi avec plus de dignité, avec plus d'assurance, avec plus de bonheur! Oui, bénis notre monarque, ton serviteur, bénis son auguste famille, ô notre Dieu et notre Père, bénis notre patrie, bénis-nous tous, nous t'en supplions au nom de ton cher fils Jésus-Christ, notre Seigneur et Sauveur! Amen.

TEXTE : « Le commencement de la sagesse est
la crainte de l'Éternel ; et la science
des saints est la vraie prudence. »
Prov. 9, 10.

MES FRÈRES,

Le progrès, voilà la devise inscrite sur le drapeau de notre
époque ; voilà le principe du changement mémorable qui, il
y a douze ans, transforma les institutions de notre pays ; voilà
le mot d'ordre de l'auguste monarque qui, cédant au vœu de
la nation, voulut sanctionner ce changement en y imprimant
son nom royal, et dont la solennité de ce jour nous rappelle
les titres à notre reconnaissance, en nous réunissant au pied
des autels du Souverain du monde, et en faisant monter au
ciel nos humbles actions de grâces pour la conservation du
père de la patrie.

Qui ne reconnaîtrait dans cette tendance au progrès l'ex-
pression d'un besoin inhérent à la nature même de l'esprit
humain ? et qui ne se féliciterait de vivre à une époque et d'ap-
partenir à une nation, où ce besoin se manifeste si vivement,
et où il est le moteur secret de tous les mouvements de l'action
publique ?

Mais ces efforts, qu'ont-ils produit jusqu'ici ? quel a été le
résultat de cette agitation souvent fébrile qui a remué jusqu'aux entrailles de la vie sociale ? que nous ont donné toutes
les crises par lesquelles nous avons successivement passé, et
où en sommes-nous de la réalisation de toutes les espérances
que sans cesse on nous fait concevoir ? où est enfin le bonheur

qui devrait être le prix de tant de sacrifices, et qui est le compagnon inséparable de tout véritable progrès ?

Hélas ! les plaintes qui s'élèvent de toutes parts sur un malaise général dont nous sommes tourmentés, le mécontentement dont les traces se retrouvent partout, les cris de détresse et de désespoir qui si souvent déchirent nos oreilles, sont une triste réponse à ces questions ? Et remarquez bien, mes frères, que nous n'entendons nullement parler de ceux qui ne sont contents de rien, seulement parce qu'ils ne peuvent pas satisfaire tous les désirs de leur égoïsme, qui ne cessent de demander des réformes, seulement parce qu'ils espèrent y trouver leur profit, et qui ne revêtent le manteau du patriotisme et de la philanthropie, que pour y cacher les plus honteuses passions. Nous voulons parler de ces regrets, de ces peines et de ces angoisses qu'éprouvent tant d'âmes nobles et bien-nées, à l'aspect de la société au milieu de laquelle elles vivent, et qui leur paraît porter dans son sein le germe d'une inévitable dissolution.

Mais d'où vient que, tout le monde voulant le progrès, nous reculions presque ? d'où vient que même sous le rapport intellectuel, politique et social, nous ayons si peu de progrès réel à signaler, et qu'en tout cas, plus nous avons l'air d'avancer de ce côté, plus nous reculions sous le rapport moral et religieux ? Le progrès serait-il donc incompatible avec la religion et le christianisme ? et la parole de ce roi qui lui aussi voulait le progrès : « Le commencement de la sagesse est la crainte de l'Eternel, et la science des saints est la vraie prudence, » cette parole ne serait-elle qu'une erreur ? Ou bien, ne devons-nous pas au contraire chercher la cause du ralentissement du progrès dans le mépris de la religion et du christianisme surtout ? ne se tromperait-on pas peut-être sur ce que l'on veut et sur les moyens de le réaliser ? et ne placerait-on pas le progrès dans des intérêts qui jamais ne sauraient le constituer, qui jamais du moins ne sauraient être la chose essentielle et seule nécessaire?

Puisse le Père de lumière et de grâce, pour sanctifier cet anniversaire si réjouissant pour nos cœurs, nous éclairer sur ces importantes questions, lorsqu'avec son assistance nous essaierons de les résoudre, en considérant dans leur rapport intime

Le progrès et le christianisme;

Puisse-t-il, à cet effet, graver dans nos âmes cette vérité que *le christianisme, loin d'être contraire au progrès, y est nécessaire!*

I. LE CHRISTIANISME N'EST POINT CONTRAIRE AU PROGRÈS.

On a souvent déjà fait, à la religion en général et au christianisme en particulier, le reproche de ne pas être en harmonie avec les besoins de l'époque, et d'entraver la marche des réformes et du progrès; on est même allé jusqu'à mettre la religion du Christ crucifié et ressuscité au nombre de toutes ces institutions qui, portant le cachet de la faiblesse humaine, ne durent qu'un certain temps, pour faire place ensuite, après avoir rempli leur but, à d'autres institutions plus parfaites et répondant à des besoins nouveaux. Nous accorderons sans peine que la forme que revêt le christianisme dans son développement humanitaire, peut et doit même varier; que cette forme à une époque donnée n'est pas nécessairement la même partout; que telle forme est plus parfaite que telle autre, et que celle qui, au milieu de la marche progressive de l'humanité, prétend à l'inviolabilité et à la perpétuité, doit inévitablement arriver à cette alternative, ou de s'opposer au progrès par tous les moyens même les moins légitimes et les moins honorables, ou, comme il est impossible d'arrêter toujours l'élan de l'esprit humain, de risquer d'être brisée elle-même dans les efforts d'un combat inutile et sans chance de succès. Mais si nous examinons de plus près l'accusation dont il est question, nous trouvons que précisément, loin de porter contre le christianisme lui-même, elle ne porte que contre telle forme qu'il a revêtue, et qu'elle n'est que le fruit de l'erreur et de l'ignorance, tant à l'égard du christianisme qu'à celui de nos véritables besoins et du progrès qui doit en résulter.

En effet, peut-on appeler progrès ce qui ne tend qu'au développement d'une des phases de la vie individuelle et sociale, et non à l'épanouissement entier de toutes les facultés de l'homme et de tous les éléments de perfectionnement qui sont en lui ? et les partisans du progrès les plus bruyants de nos jours, font-ils autre chose que de scinder ainsi les besoins des hommes et des nations, chacun selon ses vues particulières ? et ne prouvent-ils pas par là qu'ils ne savent pas même ce qu'il nous faut ? Ainsi l'on dit que le salut est impossible, si les lumières et la culture ne sont de plus en plus répandues, et l'instruction populaire devient tout-à-coup l'objet d'un intérêt universel ; et avec raison ; mais on oublie une chose, et une chose essentielle ; c'est une bonne éducation. Ainsi l'on demande une extension de plus en plus large des droits et de la liberté de tous , comme condition indispensable de vie et de prospérité ; et l'on a raison encore ; mais on oublie que les droits ne peuvent marcher sans les devoirs, ni la liberté sans l'ordre , et que trop de progrès dans ce sens aboutit nécessairement à un état d'anarchie et de barbarie où chacun, indépendant pour soi , ne reconnaît plus l'indépendance de personne, et où tous sont les esclaves de leur propre liberté. Ainsi l'on réclame plus de bien-être pour les masses en disant : « Que leur servent tous les avantages politiques, si elles meurent de faim ? » et l'on prône les merveilles de l'industrie , on multiplie les communications commerciales entre les villes et les nations, on établit le principe du travail et d'une récompense proportionnelle pour tous ; et l'on n'a pas moins raison ; mais on oublie de rechercher la cause réelle du mal auquel on voudrait porter remède ; on oublie de reconnaître que , sans cette cause qui est le manque de moralité et de principes, même dans l'état actuel des choses il y a peu d'hommes seulement qui ne pussent subsister honorablement s'ils voulaient; on oublie d'empêcher que cette cause existant toujours ne rende d'avance inexécutables tous les plans d'amélioration ; on oublie en un mot de commencer par rendre les hommes capables de jouir du bonheur , avant de le leur donner sans mesure, en cherchant à enoblir leurs sentiments, à élargir leurs idées, à élever leurs vues, et à leur montrer, au-dessus de tout ce qui est contingent et fragile, des biens impérissables ; et c'est ainsi qu'en suivant aveuglément les inspirations d'un esprit exclusif et borné, on s'est écarté de plus en plus du but, qu'on s'est égaré dans les labyrinthes tortueux de recherches sans suite, d'essais sans réussite et de réformes sans fruit, et que, privé du fil conducteur et marchant seulement à la lueur trompeuse de l'intérêt personnel bien entendu, on a fini par se perdre dans les ténèbres marécageuses de la matière et de la sensualité.

Ah, certes, un pareil progrès ne se glorifiera jamais d'avoir pour auxiliaire le christianisme, « car, dit l'Apôtre, qu'y a-t-il de commun entre la justice et l'iniquité, et quelle union y a-t-il entre la lumière et les ténèbres? quel accord y a-t-il entre Christ et le Bélial? » (2 Cor. 6, 14. 15.) La religion du Christ crucifié et ressuscité, ce couronnement des révélations divines, le dernier mot de l'énigme du rapport entre Dieu et le monde, et le dernier refuge de l'humanité, prend l'individu et la société dans leur ensemble, dans tout ce qu'ils sont, ce qu'ils peuvent et ce qu'ils doivent, dans leur origine, leur nature, leur destination et leur avenir, dans tous leurs besoins et dans tous les moyens mis à leur disposition pour les satisfaire. Elle ne connaît d'autres besoins que ceux qui soient en rapport avec la véritable nature de l'homme, et cette nature est divine; d'autre progrès que celui qui approche l'homme de son but, et ce but est l'éternité; d'autre bonheur que celui que ni les vicissitudes de la terre, ni les frayeurs de la mort ne puissent atteindre, et ce bonheur n'est que dans la perfection, dans la pureté des sentiments et dans la sainteté de la vie. Elle veut le développement de l'esprit, mais aussi celui du cœur; l'indépendance de la volonté, mais aussi l'inviolabilité de la loi; le règne de l'amour, mais aussi celui de la justice; la satisfaction des intérêts matériels dans tout ce qu'ils ont de noble et de pur, mais aussi et surtout celle des intérêts spirituels; la prospérité sur la terre, mais avant tout la félicité du ciel; elle veut enfin l'épanouissement le plus franc, le plus complet et le plus brillant de tout ce qui est vrai, beau, juste et saint, salutaire et éternel.

Et voyez les destinées de l'humanité dans le grand drame de l'histoire. Certes, avant l'apparition du Fils de Dieu sur la terre il y avait aussi des hommes distingués, il y avait aussi des chefs-d'œuvre de littérature, de science et d'art, et nous jouissons encore de l'héritage glorieux d'Athènes et de Rome, et des trésors mystérieux de la sagesse de l'Orient ; mais la question n'est pas de savoir, si chez telle ou telle nation, dans telle ou telle classe de la société, sous tel ou tel rapport, et à telle ou telle époque, il y a eu un moment d'éclat : il s'agit ici toujours de l'ensemble, il s'agit de tous les peuples, de toutes les classes de la société, de tous les rapports, et de tous les temps et de tous les lieux ; et cette question capitale revient toujours : « Quel est en général l'état des peuples chrétiens, en comparaison de celui des peuples non-chrétiens ? et quelle est la part de la religion à la différence qu'on y remarque ? » Et qu'on n'objecte pas qu'il y a eu aussi et qu'il y a encore des peuples chrétiens plongés dans la barbarie ; partout où cela est, il faut examiner d'abord quel christianisme ont ces peuples, et si ce n'est pas un christianisme corrompu et bâtard. Non, l'histoire des temps anciens et modernes en fait foi, partout où l'Évangile du Christ a pu faire rayonner sa lumière, une vie nouvelle de l'intelligence s'est manifestée ; des connaissances et des vérités, autrefois le privilège exclusif des savants et des philosophes, et l'objet ignoré d'un enseignement ésotérique et secret, sont devenues la propriété des masses et des plus simples des hommes ; le sentiment du vrai, de l'honnête et du juste a été éclairé, et la conscience rendue plus délicate ; les intentions et les motifs ont été purifiés ; la volonté a reçu une force plus grande pour le combat du devoir, de l'abnégation et du sacrifice ; toutes les facultés de l'homme ont été perfectionnées harmoniquement à l'image divine, dont elles portent l'empreinte ineffaçable. Et pourriez-vous oublier la sanctification de la famille, les barrières entre les deux sexes renversées et la femme élevée à sa véritable dignité d'enfant de Dieu, héritant, tout aussi bien que l'homme, la grâce de vie ; les horreurs des liaisons multiples réprouvées, et les liens de deux cœurs unis déjà par l'amour noués par la main de Dieu même ; l'autorité du père renfermée dans de justes bornes ; un respect et un amour inviolables imposés aux enfants, et ces derniers confiés à la garde des parents comme un dépôt sacré dont ils auront un jour à rendre compte devant le tribunal de l'éternité, quand le juge leur demandera : » Qu'avez-vous fait de ceux que je vous ai donnés ? « Et où trouver ailleurs, dans les institutions des peuples , cette justice , cette liberté , cette égalité de tous et de chacun érigées en droit public ? ces républiques modèles de l'antiquité, qu'étaient-elles, si ce n'est un désordre tyrannique ou un despotisme anarchique ? le citoyen romain où faut-il le chercher, si ce n'est parmi les enfants de la ville des sept collines , tandis que le monde entier n'est qu'un esclave rampant aux bords du Tibre ! Et les fers de toutes ces classes avilies, placées comme une propriété au milieu d'une société libre et civilisée; les fers de toutes ces victimes enlevées au sol de leur patrie , pour aller, dans un monde nouveau, périr en s'efforçant d'arracher aux entrailles de la terre un peu de poussière brillante, qui les brisera , si ce n'est la main de la charité chrétienne ? ce trafic honteux, fruit déplorable de la compassion mal éclairée d'une âme généreuse , qui le fera cesser ; qui du moins en fera sentir l'opprobre, et, espérons-le , du fond de la tombe encore réussira à mettre d'accord les puissances appelées à accomplir une si glorieuse mission , si ce n'est la voix d'un autre ami de l'humanité qui trois siècles plus-tard viendra , au nom de l'Évangile, crier aux monarques et aux nations : « Que faites-vous? ces malheureux sont vos frères ! » Et qui a commencé, car, nous le disons avec regret, l'œuvre n'est qu'ébauchée, mais qui a commencé du moins à aplanir pour ainsi dire les montagnes, à déssécher les rivières , et à combler les mers, pour rapprocher des peuples qui se regardaient d'un œil ennemi, pour leur apprendre à se connaître , à s'apprécier, à s'aimer comme frères; pour les faire participer réciproquement à leur vie, à leur activité, à leurs progrès? n'y reconnaissez-vous pas encore l'effet même indirect de l'amour de Jésus? Et à qui enfin devons-nous toutes ces découvertes et ces inventions, germes féconds de nouveaux perfectionnements ? à qui le charme ineffable que nous éprouvons, lorsque, sur les ailes d'harmonieux accords, nous nous élevons vers le ciel pour nous prosterner aux pieds de la grâce éternelle ? à qui les merveilles que nous admirons sur ces toiles vivantes, où l'aspect d'une mère et d'un enfant nous découvre les mystères de la rédemption du monde? à qui ces monuments majestueux qui, cachant leurs têtes dans les nues, semblent vouloir nous dire d'où nous venons, où nous allons, et où nous devons placer toutes nos espérances et tout notre bonheur ? A qui, répondez, si vous le pouvez sans rougir? Ah! vous voyez tout cela, des transports vous agitent, vous êtes étonnés de vous-mêmes et du genre humain tout entier, et vous osez parler encore, ingrats que vous êtes, d'incompatibilité entre le christianisme et le progrès !

II. Non, LOIN D'ÊTRE CONTRAIRE AU PROGRÈS, LE CHRISTIANISME Y EST NÉCESSAIRE.

Sera-t-il besoin de vous retracer le tableau de l'état de ces peuples infortunés qui, dans les plaines de l'Asie, dans les sables de l'Afrique, dans les bois impénétrables de l'Amérique, et dans les îles lointaines du vaste Océan, sont encore plongés dans la nuit de l'idolâtrie, sans Dieu, sans Sauveur, sans foi, et sans espérance ? En voyant ce que le christianisme a fait, n'avez-vous pas, peut-être malgré vous, jeté un regard sur eux et appris à mieux reconnaître ce que vous devez à cette divine religion ? Et d'ailleurs, n'auriez-vous donc jamais vu encore de ces rapports palpitant d'intérêt que nous envoient d'au-delà des mers ces hérauts de la vérité éternelle, lesquels, à l'exemple du Maître et des premiers missionnaires de l'Évangile, sacrifient au salut de leurs frères leur repos, leur bonheur et leur vie? et vos entrailles ne se seraient-elles jamais émues encore à l'aspect de la superstition, de la barbarie et de la misère matérielle et morale, à laquelle la moitié de l'humanité est encore en proie ?

Et les nations qui ont bien la croyance du seul vrai Dieu, mais qui sont loin encore de Jésus, sont-elles beaucoup plus avancées? Quel est le progrès et le bonheur des adorateurs de ce faux prophète qui , d'un mélange impur de christianisme , de judaïsme et de paganisme , faisant une religion fondée exclusivement sur l'empire des sens et de la force brutale, ne trouva de meilleur moyen de persuasion et de conversion que le fer et la flamme , ni de meilleure récompense à offrir à ses disciples fidèles, pour le ciel même , que des joies qu'on n'ose nommer ? ne suffit-il pas de montrer les nations où le croissant domine , pour faire comprendre jusqu'où peut aller la dégradation sociale ? et l'existence politique même du principal représentant de Mahomet , où trouve-t-elle encore la garantie la plus sûre , si ce n'est dans la jalousie réciproque de ses protecteurs incommodes ?

Et ce pauvre peuple de la promesse , lui pour qui Dieu avait épuisé toutes ses bontés , et qu'il avait comblé de tous ses bienfaits , en déposant chez lui l'arche sainte de la loi, et en le choisissant, du milieu des nations de la terre, pour lui faire recevoir dans son sein le Sauveur du monde, qu'a-t-il fait de toutes les faveurs du ciel , et qu'est-il devenu ? Hélas ! il aurait dû cueillir les prémices du salut, il aurait pu rester toujours le Peuple élu, le Peuple-Dieu ; et il foula aux pieds toutes les grâces divines ; son roi, il le trahit ; son rédempteur, il le cloua sur la croix ; au juge inique qui , en se lavant les mains, croyait aussi pouvoir laver son âme du sang qui la souillait , et qui dans l'angoisse de sa conscience s'écria : « Je suis innocent du sang de ce juste , c'est à vous d'y penser ! » il répondit : « Que son sang soit sur nous et sur nos enfants ! » (Matth. 27 , 24. 25.) Et cette affreuse malédiction pèse encore sur lui, depuis que les débris fumants de Jérusalem rendirent témoignage de la colère du ciel ; ce qu'il est encore dans la dispersion , ce que sont surtout quelques unes de ses sommités , c'est par le contact avec le christianisme qu'elles le sont devenues ; et ce qu'il sera un jour, d'après les promesses positives de l'Évangile, il le deviendra seulement, quand il brisera les liens des pratiques superstitieuses qui l'enchaînent et qui ont remplacé chez lui l'antique religion du mont Sinaï ; quand il retournera à la loi et aux prophètes, et que par eux il sera reconduit aux pieds du Sauveur.

Mais , mes frères , où allons-nous chercher les preuves , que le christianisme est nécessaire au progrès , lorsque nous pouvons les trouver si près de nous ? ressemblerons-nous donc toujours à cet être présomptueux , auquel le Seigneur dit : « Pourquoi regardes-tu une paille qui est dans l'œil de ton frère , tandis que tu ne vois pas une poutre qui est dans ton œil ? » (Matth. 7 , 3.) Nous avons reconnu qu'en général nous , chrétiens , jouissons de priviléges que les autres nations n'ont pas , et nous en avons rapporté l'honneur à la religion dont nous sommes les enfants ; mais n'avons-nous pas insinué aussi qu'une fausse tendance de progrès menace d'entraîner notre époque dans une voie dangereuse ? et si nous avons dû établir que jamais le christianisme ne saurait seconder une pareille tendance , précisément parce qu'il est l'ami du véritable progrès , ne devons-nous pas encore examiner de plus près les conséquences funestes de cette même tendance , pour établir la nécessité du concours de la religion dans tout ce que nous faisons pour le bien des nations et de l'humanité tout entière ?

Eh bien , où nous a conduits cette instruction , se bornant aux connaissances utiles pour les choses de ce monde, telle que notre pays surtout a le triste privilège de la donner ; cette culture purement extérieure, ce certain poli de mœurs en vue uniquement d'une bonne présentation dans la société , sans une éducation solide qui elle-même ne saurait se fonder que sur l'Évangile ? Où nous a conduits cette émancipation successive et sans bornes des masses populaires qui ne savent que faire des libertés qu'on réclame pour elles , sans une préparation préalable , lente et progressive ? Où nous a conduits la proclamation du règne des intérêts matériels , sans sanction morale et religieuse ?

Ils vous le diront ces hommes sans principes qui, ou soi-disant philosophes , ou franchement incrédules , ou pitoyablement tolérants , ou absolument nuls , finissent toujours par ne plus croire à rien , par ne plus prendre intérêt à rien , par ne plus craindre rien , et par trouver le dernier triomphe

de la science dans la négation de tout, excepté d'eux - mêmes
et de leurs intérêts. Ils vous le diront ces époux trahissant,
le front levé, les serments qu'ils ont jurés devant l'autel de
Dieu ; ces épouses oubliant les devoirs du sanctuaire domes-
tique, et brûlant un encens impur à la vanité, à la frivolité,
souvent au crime ; ces filles ne recevant d'une main marâtre
que ce qu'il faut pour jeter un éclat vain et passager dans une
société corrompue ; ces jeunes gens ayant des besoins d'homme
quand ils devraient encore être enfants, et gémissant sous le faix
d'une vieillesse épuisée, quand les fleurs de la jeunesse devraient couronner leur tête ; ces vieillards, enfin, traînant
leurs cheveux blancs encore dans la fange de l'impureté. Ils
vous le diront ces désordres dans la vie de l'État, ce manque
de respect pour les institutions existantes, pour les lois et les
autorités ; cet esprit de critique amer dans la bouche de ceux
souvent qui à peine sortis des bancs de l'école et épris de leur
importance, accusent d'ingratitude la société qui ne récompense pas assez leurs brillants mérites ; cette anarchie et ces
attentats, et cette impossibilité, où se trouvent les dépositaires
même du pouvoir, occupés qu'ils sont sans cesse à ne répri-
mer que le mal, de faire quelque chose d'efficace pour le
bonheur de la nation, et exposés néanmoins pour cela à
toutes les attaques de la haine de la part de ceux-mêmes qui
leur sèment le chemin d'obstacles et d'entraves. Ils vous le
diront ces liens de la charité rompus par la main sacrilège
d'un égoïsme envieux qui sacrifierait tout au besoin pour réaliser ses projets ; cette absence de dévouement pour ce qui est
vrai, bon et saint ; cette avidité du gain, ce désir des jouissances, ces déportements des passions, ce monstre du maté-
rialisme enfin érigé en Dieu du monde.

M'accuserez-vous d'exagération ? viendrez-vous me parler
d'exceptions ? Mais les exceptions ne font pas la règle ; je les
laisse pour ce qu'elles sont, et quant à l'exagération, j'en
appelle à l'histoire, à l'expérience de tous les jours, j'en appelle à vous-mêmes, à votre propre conscience. Et vous
appelez cela du progrès ! et vous vous félicitez de l'illustra-
tion de votre siècle ! Allez donc vous enorgueillir de votre

misère , presque j'aurais dit de votre honte ! Est-ce du progrès ce qui ne satisfait aucun de nos besoins les plus intimes et les plus inviolables ? est-ce du progrès ce qui nous arrache à notre but éternel ? est-ce du progrès ce qui sape les fondements de notre bonheur ; de notre bonheur pour le ciel en tout cas, mais aussi, sachez-le bien, puisque, je le sais, cela vous touche bien plus, de notre bonheur pour la terre ? car , et c'est une dernière question que je vous adresse , sommes-nous donc heureux ? Êtes-vous heureux, vous qui êtes sans foi , dans dans la recherche de la vérité, sans force, dans le combat de la vertu, sans paix, dans la conscience du péché, sans consolation, dans les épreuves de la vie, et sans espérance, dans les frayeurs de la mort ? êtes-vous heureux, vous qui êtes dévorés par une ambition insatiable , et qui ne cherchez le bonheur que dans les jouissances de la matière ? Non , vous ne l'êtes pas , quoi que vous disiez, vous ne pouvez pas l'être , parce que vous êtes sans votre Père et sans votre Sauveur , et qu'ils ne souffrent pas qu'on soit heureux sans eux ; non , tu ne l'es pas ; je te donnerai tout ce que tu demanderas, richesses , honneurs , jeunesse, santé, parents, amis et plaisirs, et tu ne le seras pas : je le vois dans ce mépris caché dont tu es l'objet malgré tous les égards extérieurs qu'on a pour toi ou plutôt pour ta position ; je le vois dans ce regard mal assuré qui évite la rencontre de la vérité et de la vertu ; je le vois dans cette inquiétude qui t'agite en secret , dans ce malaise inconnu et indéfinissable qui t'oppresse au milieu de ton bonheur ; je le vois dans ce dégoût qui s'empare de toi quand tu déposes la coupe de tes joies, dans ces désirs violents qui sans cesse de nouveau viennent déchirer ton âme ; je le vois dans ce désespoir enfin qui , lorsque tu auras tout perdu, et que le monde n'aura plus rien à te donner, viendra révéler à ses yeux, en lui jetant là ton cœur flétri , ce que tu lui cachais si longtemps, tes illusions et ta misère !

Ah, mes chers frères, « Ne vous abusez point, on ne se joue point de Dieu, car ce que l'homme aura semé, c'est ce qu'il moissonnera aussi; celui qui sème pour sa chair , moissonnera de la chair la corruption ; mais celui qui sème pour l'esprit , moissonnera de l'esprit la vie éternelle; (*Gal.* 6 , 7. 8) non, le commencement de la sagesse est la crainte de l'Eternel, et la science des saints est la vraie prudence ; » non , c'est l'Evangile seul , l'Evangile dégagé de tout alliage impur , de toute addition humaine , avec ses principes éternels et absolus, avec ses tendances spirituelles et célestes , qui renferme les destinées futures de l'humanité , parce qu'il renferme la solution de toutes les questions individuelles , politiques et sociales ; car , immuable dans son essence , mais variable dans ses formes , le christianisme convient à tous les siècles , à tous les climats ⌐ à toutes les nations, les besoins essentiels de l'humanité étant toujours les mêmes, et Jésus-Christ étant toujours la source inépuisable de vie et de bonheur. Et qu'on ne demande pas pourquoi le christianisme n'a pas encore accompli toutes ses promesses depuis vingt siècles qu'il existe! Ce reproche prouve ou l'ignorance ou la mauvaise foi : l'humanité ne marche pas au gré des désirs impatients d'un enfant qui ne peut attendre que le fruit soit mûr, et puis, nous l'avons vu, ce que nous sommes, nous le sommes par le christianisme ; et quant à ce que nous ne sommes pas encore , ce n'est pas le christianisme qu'il nous est permis d'en accuser, ce n'est que nous-mêmes; ce n'est pas lui qui est en retard , c'est nous qui , rampant dans les sombres vallées de nos conceptions et de nos penchants grossiers, sommes trop lâches pour faire les efforts nécessaires , par lesquels nous pourrions nous élancer aux hauteurs où , entourée d'une lumière céleste , brille à nos yeux la couronne de perfection et de bonheur, comme prix de la victoire dans le combat de la foi.

Oui , mes frères , avant de juger , appliquez d'abord franchement le christianisme dans toute son étendue ; profitez du besoin qui , grâces à Dieu, recommence à se révéler partout, de foi, de principes et de moralité, et faites du christianisme l'âme de la vie privée, politique et sociale. Mais pour cela commencez par vous-mêmes , devenez vous-mêmes chrétiens , vous surtout qui , placés dans les rangs élevés , devez l'exemple aux autres, et qui , selon l'exemple que vous donnez , assumez sur vous une terrible responsabilité. Soyez chrétiens, magistrats et citoyens, défenseurs des lois et de l'indépendance de la patrie, jeunesse et docteurs, parents et enfants, soyez chrétiens. Au nom du progrès que vous voulez tous, au nom du bonheur auquel aspirent les vœux de vous tous, au nom du salut de vos âmes immortelles pour le temps et pour l'éternité, écoutez la voix de Celui qui a versé son sang pour vous, et qui vous crie du haut de sa croix : « Venez à moi, vous tous, qui êtes travaillés et chargés, et je vous soulagerai; » (*Matth.* 11, 28) prosternez-vous au pied de cette croix, et embrassez-la avec amour et avec une confiance inébranlable; donnez votre cœur à Jésus en retour de tout ce qu'il a sacrifié pour vous; demeurez en lui et il demeurera en vous; et avec lui la vérité, la grâce et la paix viendront verser sur vous leurs riches bénédictions; votre famille sera l'asile d'un heureux contentement; la patrie vous devra une partie du repos et de la prospérité dont elle a tant besoin; vous serez comme un levain régénérateur au milieu de la société plongée dans une léthargie mortelle, comme un baume bienfaisant qui peu-à-peu guérira les plaies sanglantes que l'impiété lui a faites; l'amour et le bonheur règneront sur la terre, et en feront comme le parvis du ciel; les destinées de l'humanité seront accomplies; et ce chant de salut que les anges du ciel entonnèrent près de la crèche de Bethléem, sera réalisé : « Gloire soit à Dieu, au plus haut des cieux, paix sur la terre, et bonne volonté envers les hommes ! » (*Luc,* 2, 14) Amen.

www.ingramcontent.com/pod-product-compliance
Lightning Source LLC
Chambersburg PA
CBHW051245070726
47594CB00013B/3358